Gestion & Marketing I numéro **13**

LE RENDEMENT DÉCROISSANT
RICARDO ET MARSHALL

Quelles sont les limites des économies d'échelle ?

par Pierre Pichère

50MINUTES

Avec la collaboration de Brigitte Feys

LE RENDEMENT DÉCROISSANT

DONNÉES-CLÉS

- **Dénominations ?** Loi des rendements décroissants ou rendement marginal décroissant
- **Usages ?** En économie d'entreprise, en économie sectorielle, dans les théories de l'innovation, pour étudier la formation de la rente
- **Raisons de son efficacité ?** Théorie pour le court terme, favorisant les bonnes décisions sur l'allocation des facteurs de production
- **Mots-clés ?**
  - <u>capital</u> : facteur de production incluant tout ce qui ne relève pas du travail humain (machines, actifs bancaires, etc.)
  - <u>économie d'échelle</u> : phénomène qui conduit à une diminution des coûts à mesure que la quantité produite augmente, du fait de l'amortissement de l'investissement initial ;
  - <u>marge</u> : différence entre le prix de revient et le prix de vente
  - <u>moyenne</u> : résultat de l'opération consistant à additionner tous les éléments d'une série, puis à diviser le résultat de cette somme par le nombre d'unités qui la composent
  - <u>rendement</u> : rapport entre le résultat obtenu pour une tâche et le temps qui lui est alloué
  - <u>rente</u> : revenu tiré de la détention de capital ou, dans l'analyse ricardienne, revenu des détenteurs des premières unités mises en production lorsque le rendement des dernières commence à décroître
  - <u>travail</u> : activité humaine consentie en échange d'une rémunération.

INTRODUCTION

En puisant dans la réflexion des économistes du XVIIIᵉ siècle, très tournés vers les questions de production agricole, David Ricardo (économiste britannique, 1772-1823) construit la théorie des rendements décroissants. Celle-ci est toujours actuelle grâce aux approfondissements que la science économique a apportés à la formule d'origine.

Historique

Explicitée par David Ricardo dans ses *Principes de l'économie politique et de l'impôt* (1817), la théorie des rendements décroissants constitue un aboutissement de la réflexion engagée, d'une part, par le pasteur anglican et professeur d'économie Thomas Malthus (1766-1834), d'autre part, par les physiocrates, en particulier Anne Robert Jacques Turgot (homme d'État et économiste français, 1727-1781). Le premier soutenait que la hausse de population engendrait la réduction des ressources disponibles, tandis que le second soulignait que toute augmentation de la surface des terres cultivées entraînerait immanquablement une baisse des rendements, les terres les meilleures étant exploitées en premier.

> **BON À SAVOIR**
>
> Les travaux de l'école des physiocrates (du grec *phusis*, « la nature », et *kratein*, « gouverner ») sur la création de la richesse économique, mais surtout sur sa répartition, sont considérés comme révolutionnaires pour l'époque.

David Ricardo prolonge et approfondit cette réflexion qui devient un classique de la science économique et l'une des polémiques les plus fameuses. L'autre grand économiste de l'époque, l'Écossais Adam Smith (1723-1790), développe à l'inverse une théorie des rendements croissants grâce à l'amélioration de la productivité, via la spécialisation des tâches.

Définition du modèle

David Ricardo, inspiré par les économistes du XVIIIe siècle, distingue trois facteurs de production : la terre (considérée comme le seul élément réellement créateur de valeur dans le contexte de l'époque), le capital et le travail. Il prend l'exemple de la terre pour expliquer le phénomène des rendements décroissants : plus un agriculteur met de surfaces en culture, moins le rendement de chaque nouvelle parcelle (le rendement marginal, c'est-à-dire le rendement de la nouvelle parcelle par rapport aux parcelles précédentes) est élevé, car les terres les meilleures ont été cultivées en premier. Il faut alors davantage de main-d'œuvre pour exploiter la terre. La rente foncière totale (revenu perçu par le propriétaire de celle-ci) s'accroît donc effectivement avec le nombre de terres, mais pas de façon linéaire, puisque le rendement décroît.

Le modèle a trouvé application au-delà de l'agriculture. De manière générale, la théorie du rendement marginal décroissant décrit comment le rendement d'une unité supplémentaire d'un facteur de production, toutes choses égales par ailleurs, sera inférieur au rendement des unités de ce même facteur précédemment utilisées dans la production.

THÉORIE – PRÉSENTATION DU CONCEPT

Considéré comme l'un des économistes les plus influents de l'école classique aux côtés d'Adam Smith et de Thomas Malthus, David Ricardo écrit de nombreuses théories dont, notamment, celle de la valeur d'échange d'un produit, celle de l'opposition au protectionnisme, celle de la notion de l'avantage comparatif, celle encore de la référence à l'étalon-or pour la production de la monnaie et, enfin, celle qui nous occupe ici : la théorie de la rente de la terre. Dans son approche de l'économie, David Ricardo ne cherche pas la conformité à la morale, contrairement à Adam Smith et, surtout, à Thomas Malthus. Ce dernier, pasteur, décrivait moins le monde tel qu'il fonctionnait que celui qu'il fallait instaurer pour concrétiser le projet divin.

DAVID RICARDO

David Ricardo s'intéresse d'abord au mécanisme de formation de la richesse et à sa répartition. Pour comprendre la loi des rendements décroissants, il faut rappeler que l'on fait référence aux rendements marginaux, c'est-à-dire aux rendements d'une nouvelle unité mise en production par rapport aux unités précédentes. Par ailleurs, cette loi ne vaut que lors de la variation d'un seul facteur de production. À l'époque de l'économiste, les facteurs « travail » et « capital » n'étaient pas si aisément distingués. L'école classique considérait qu'il y avait du travail derrière tout capital, certains – Adam Smith, David Ricardo et Karl Marx (théoricien du socialisme et révolutionnaire allemand, 1818-1883) notamment – opérant une distinction entre travail productif et travail improductif. Le travail est dit « productif » lorsqu'il crée de la valeur, mais tout travail ne crée pas systématiquement de la valeur.

Reprenons l'exemple de Ricardo d'une terre cultivée, qui lui permettra d'introduire la notion de « travail incorporé » (addition du travail de l'ouvrier et du travail nécessaire pour produire les machines et les outils que ce dernier utilisera), et considérons qu'il existe deux facteurs de production : la terre et un assemblage composite de travail et de capital.

- **Marge intensive décroissante**. Appliquons sur cette terre une quantité supérieure de capital/travail. Il faudra mobiliser davantage de main-d'œuvre et revoir le budget salarial à la hausse. Les coûts totaux de production augmenteront donc, abaissant fatalement le rendement marginal : les nouvelles unités de production affectées au travail de la terre rapporteront moins que les précédentes. La marge intensive de culture (c'est-à-dire l'exploitation accélérée d'une terre) est donc décroissante.
- **Marge extensive décroissante.** Imaginons maintenant que de nouvelles terres soient mises en culture, sans variation du facteur capital/travail. Là encore, même sans hausse de la quantité de travail par mètre carré de terre, il faudra embaucher de nouveaux travailleurs. Ricardo, suivant en cela les physiocrates, souligne, d'une part, que les meilleures terres sont souvent cultivées en premier et, d'autre part, que tout cela conduit à un rendement de la nouvelle surface mise en culture inférieur à celui de l'ancienne. La marge extensive de culture est donc elle aussi décroissante. Il y a au passage, pour le détenteur des surfaces les plus productives, formation de la rente, un phénomène central dans la pensée ricardienne. Déjà valorisée par les physiocrates et Adam Smith comme le fruit de l'abondante fertilité des terres, elle provient chez Ricardo de la rareté des bonnes terres et constitue donc un avantage pour le propriétaire des meilleures terres, sans mérite ni travail.

Ainsi, marge intensive et marge extensive sont corrélées. En effet, un fermier augmentera progressivement l'exploitation de sa terre. Puis, lorsque le rendement de cette unité de production aura trop décru, il mettra en culture de nouvelles terres. Leur rendement initial sera certainement inférieur à celui de la première surface, et de toute façon lui aussi décroissant. La quantité de terres arables étant limitée, le rendement de l'agriculture est donc tendanciellement à la baisse. En outre, la croissance démographique, en conduisant à la réduction des ressources et à la diminution de la productivité nationale engendre elle aussi une baisse des rendements qui risque de paralyser l'économie d'un pays.

C'est ici qu'intervient l'innovation – dans le processus agricole, il peut s'agir de machines ou de produits tels que les engrais ou OGM aujourd'hui controversés –, qui stimulera le rendement de la terre en abaissant les coûts et contrecarrera la tendance naturelle à la décroissance des rendements. Il est donc essentiel, selon David Ricardo, non seulement de favoriser le progrès technique pour augmenter les rendements en fonction de la demande, mais aussi de se spécialiser dans un domaine d'activité où l'on est le plus productif (cf. la théorie de l'avantage comparatif également développé par cet économiste).

Les théoriciens auraient pu croire que la loi des rendements décroissants ne s'appliquait qu'à l'agriculture. Ricardo aurait alors été davantage un maître de l'agronomie plutôt qu'un économiste.

Pourtant, dans son ouvrage, l'agriculture ne constitue qu'un exemple, car David Ricardo entendait bien formuler une loi universelle de l'économie, s'appliquant à tout secteur d'activité.

ALFRED MARSHALL

Alfred Marshall (économiste britannique, 1842-1924) démontre que cette loi ne s'applique pas seulement à l'économie agricole. Elle concerne aussi une autre exploitation de la terre : la construction. Les terrains les plus constructibles (à bonne distance des rivières, non inondables, stables, avec une vue agréable, etc.) sont utilisés en premier. Des terres de moins en moins propices sont ensuite envisagées pour bâtir.

Enfin, Alfred Marshall cherche à appliquer la loi des rendements décroissants à tous les secteurs de l'industrie. Par exemple, il imagine une entreprise de production possédant trois presses. Pour améliorer son profit, l'industriel augmente les cadences, fait davantage travailler ses ouvriers, etc. Mais ces changements engendrent une hausse constante des coûts qui finit par rendre économiquement plus rentable l'acquisition d'une quatrième machine. Les coûts salariaux globaux ayant augmenté – nous ne sommes pas encore, à cette époque, à l'ère de l'automatisation ou de la délocalisation –, la rentabilité marginale de la quatrième presse sera certainement inférieure à celle des trois premières. Marshall parle alors de « quasi-rente » pour désigner le revenu tiré des premières machines, le mécanisme étant similaire à celui de la rente foncière chez Ricardo. Comme nous le verrons ci-dessous, Marshall inscrit cette réflexion sur les rendements décroissants en industrie dans un séquençage plus vaste : les rendements proportionnels lui permettent d'articuler une phase de croissance puis une phase de décroissance des rendements. Il existe donc un point d'inflexion, où l'acquisition d'une unité supplémentaire occasionne non plus un accroissement, mais une diminution de productivité.

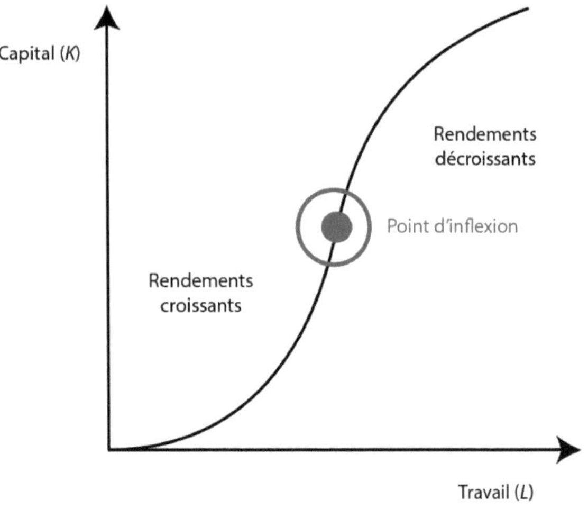

Les rendements croissants et décroissants

LES RENDEMENTS DÉCROISSANTS AUJOURD'HUI

De nos jours, la terre n'est plus considérée comme un facteur de production, mais le travail et le capital ont été bien plus différenciés qu'ils ne l'étaient à l'époque de David Ricardo et d'Adam Smit 9782806257116_Cover h. La loi des rendements décroissants se comprend donc aujourd'hui ainsi : pour un niveau donné de productivité des facteurs de production, l'augmentation d'un seul de ces facteurs (travail ou capital) n'accroîtra la productivité qu'à un rythme de plus en plus faible.

LIMITES DU MODÈLE ET EXTENSIONS

Théorie fondatrice de l'économie classique, la loi des rendements décroissants a suscité de nombreuses critiques, mais aussi des approfondissements utiles pour enrichir l'analyse.

LIMITES ET CRITIQUES DU MODÈLE

Avec sa loi des rendements décroissants, David Ricardo semble prendre le contrepied d'Adam Smith. Celui-ci, dans son ouvrage *Recherches sur la nature et les causes de la richesse des nations* (1776), expose en effet une théorie des rendements croissants. Inspiré par l'économiste britannique Richard Cantillon (1680-1734) et par le Français Pierre Le Pesant de Boisguilbert (1646-1714), Adam Smith soutient que la division du travail entraîne des gains de productivité – également appelés « économies d'échelle » – qui améliorent sans cesse les rendements. L'exemple le plus fameux développé par l'économiste est la fabrique d'épingles. En spécialisant les ouvriers en 18 métiers, chacun produit 4 800 épingles par jour, alors que si chaque salarié effectuait toutes les tâches du processus de production, celle-ci ne dépasserait pas 20 épingles par jour ! La division du travail accroît l'habileté de chaque ouvrier, permet de gagner du temps et pousse à l'invention de machines nouvelles et à l'émergence de secteurs économiques entiers (pensons, par exemple, aux services aux entreprises, à la robotique ou encore à la logistique dans notre économie moderne).

L'opposition entre Adam Smith et David Ricardo sur ce point paraît toutefois pouvoir être contournée, car le modèle du second n'interdit nullement la division du travail puisqu'il expose une dynamique à l'œuvre dans un cadre donné. Ainsi, une fois le travail de fabrication d'épingles divisé en 18 métiers, l'ajout de nouveaux salariés dans la fabrique conduira à un rendement marginal décroissant. Seule l'invention d'une nouvelle machine ou la division supplémentaire du travail pourra engendrer des rendements à nouveau croissants. C'est ce qu'a parfaitement perçu Alfred Marshall, en développant la théorie des rendements non homogènes. D'abord croissants grâce au progrès technique et à la division du travail, ils décroissent ensuite, ce qui rejoint les prédictions de David Ricardo.

Karl Marx, grand lecteur de David Ricardo, énonce quant à lui une loi appelée « baisse tendancielle du taux de profit », basée sur celle des rendements décroissants. Celle-ci souligne que, dans un contexte de concurrence exacerbée entre les entreprises capitalistes, la rentabilité du taux de profit tend à baisser inexorablement. La théorie des rendements décroissants est dès lors utilisée dans une critique radicale du capitalisme qui aliène l'humain à son profit, et dénoncée pour cette raison par les défenseurs du système capitaliste. Cette hypothèse de la baisse tendancielle du taux de profit serait démentie par la capacité d'innovation dont font continuellement preuve les acteurs économiques. Mais c'est attribuer à Ricardo des intentions bien éloignées des siennes, puisqu'il n'a pas formulé sa théorie pour critiquer un système d'organisation, mais bien pour décrire un phénomène à l'œuvre dans la production.

Beaucoup d'économistes considèrent aujourd'hui que le rendement décroissant est un modèle intéressant pour le court terme, dans un cadre productif donné. Mais l'innovation managériale ou technologique permet heureusement de dépasser le stade du rendement décroissant pour renouer avec des rendements croissants. Toutefois, cela contraint les entrepreneurs à toujours repousser les limites du connu, sous peine de voir leur rendement s'effondrer peu à peu.

EXTENSIONS ET MODÈLES CONNEXES

Le rendement d'échelle

Le modèle du rendement marginal décroissant ne concerne que la variation d'un des facteurs de production. La théorie économique, sous l'impulsion d'Alfred Marshall, s'est aussi intéressée à la variation de l'ensemble des facteurs de production : c'est ce qu'on appelle le rendement d'échelle, qui traduit la recherche de l'efficience (faire plus avec moins) à la suite d'une augmentation des facteurs de production.

- Le rendement est croissant tant que le pourcentage des gains supplémentaires (y) excède le pourcentage des coûts induits par la hausse des deux facteurs (x). La taille croissante de l'entreprise la conduira à davantage de technicité et les conditions de travail attireront certainement les travailleurs les plus qualifiés : $y > X$
- Les rendements commenceront à décroître avec les effets de firme, liés à l'organisation interne (par exemple, le volume croissant de personnel). Les grandes entreprises se pilotent plus difficilement que les petites : la gestion et la communication deviennent de plus en plus complexes, les objectifs de la grande entreprise s'éloignent de ceux de ses travailleurs dilués dans de multiples divisions souvent géographiquement éloignées et la direction est aussi perçue comme plus lointaine, surtout si l'entreprise est rachetée par un groupe international ou un holding : $y < X$

Cette théorie permet d'optimiser la taille de l'entreprise et d'en maximiser la performance : rendements croissants ($y > X$) pour de petites quantités (tant que les capacités ne sont pas saturées) afin de devenir constants ($y = X$), puis décroissants ($y < X$) pour de très grandes quantités. Une stagnation s'observe alors à saturation (cadencement trop lourd, problèmes de stockage, etc.). Ces problèmes engendreront, à terme, une baisse du rendement.

Les isoquantes

Un autre modèle connexe est celui des isoquantes (courbes) en microéconomie, étudié par Charles Cobb (mathématicien américain, 1875-1949) et Paul Douglas (économiste américain, 1892-1976). Il décrit, pour un volume donné de facteurs, toutes les combinaisons optimales qui produiront le meilleur rendement pour un même niveau de production. En analysant les relations entre facteurs de production – quantité de travail et quantité de capital –, Charles Cobb et Paul Douglas cherchent à démontrer que ceux-ci sont substituables.

Leur fonction de production, également appelée la fonction Cobb-Douglas, se figure comme suit : $Y = c.K^{\alpha}.L^{\beta}$ pour Y représentant le niveau de production, K le capital, L le travail (*Labour*) et c, α et β les variantes liées aux technologies.

Ainsi, la microéconomie ou économie d'entreprise, qui applique à la gestion les connaissances issues de la science économique, a de longue date fait preuve d'un vif engouement pour la thèse du rendement décroissant, telle que l'a formulée David Ricardo et approfondie Alfred Marshall.

La théorie du rendement décroissant présente un grand intérêt pour un chef d'entreprise. S'il maintient stable l'un des facteurs de production et fait évoluer le second, elle lui permet de déterminer :

- jusqu'à quel moment il gagne de l'argent ;
- à partir de quand le coût de l'unité supplémentaire, dite aussi « marginale », dépassera celui des gains qu'elle engendre.

UN RENDEMENT D'ABORD CROISSANT, PUIS DÉCROISSANT

Pour bien comprendre le modèle, il faut se souvenir des apports d'Alfred Marshall : lorsqu'un facteur de production varie, le rendement commence par croître. Puis, petit à petit, à mesure que le facteur continue d'augmenter, le rendement croît moins vite jusqu'au point d'équilibre, puis décroît.

Illustrons ce phénomène avec l'exemple de la fabrique d'épingles exposé par Adam Smith. Tant que les cadences maximales ne sont pas atteintes, l'ajout de travailleurs supplémentaires augmentera les rendements. Par exemple, la création d'une équipe de nuit n'altérera pas le rendement – si ce n'est que l'utilisation plus intensive de la machine réduira sa durée de vie. Mais lorsque l'embauche massive engendre une augmentation du coût salarial ou que chaque équipe travaille moins bien du fait de la présence des autres ou d'un dysfonctionnement/alourdissement de l'organisation, alors le rendement décroît.

Quel facteur varie ?

Dans les exemples les plus couramment retenus, ceux d'entreprises avec des machines industrielles, c'est le travail qui s'impose comme le facteur variable, le coût d'une heure supplémentaire de travail étant inférieur à celui de l'acquisition d'une machine. Mais il en va autrement dans les entreprises proposant des services, comme le conseil par exemple, et plus généralement dans les économies contemporaines occidentales où le coût du travail est élevé du fait du nécessaire financement de la protection sociale. Bien des machines modernes, comme les ordinateurs ou les robots, ont aujourd'hui un coût très modéré, de sorte que les entreprises ont tendance à faire varier en premier le facteur capital, n'ajoutant un salarié que lorsque le rendement marginal du capital commencera à décroître. Cette inclination est sans doute renforcée par la protection des salariés, qui rend le facteur travail moins mobile que le capital. Elle se défend également dans la logique pure de la productivité ; par contre, si l'on prend l'aspect « base de talents » (gestion des compétences, responsabilité sociétale des entreprises), nous aboutirions à de toutes autres perspectives... qui pourraient sans doute incarner le salut de nos économies !

Marge et moyenne

Afin de bien appliquer le principe du rendement décroissant, il s'agit de rappeler la différence fondamentale entre la productivité moyenne et la productivité marginale :

- la productivité moyenne désigne le rendement de l'ensemble des unités du facteur de production étudié. Elle ne renseigne donc nullement sur l'opportunité d'ajouter une unité supplémentaire de l'un ou l'autre facteur ;
- la productivité marginale, quant à elle, désigne précisément le surplus apporté par cette unité en plus.

Cette précision a son importance, car la productivité moyenne peut continuer d'augmenter alors que la productivité marginale commence à décroître. Ainsi, imaginons un supermarché qui calcule le nombre de clients passant par chacune de ses caisses en une heure. Il démarre par une caisse qui accueille dix clients par heure, puis en accueille une seconde qui en a accueilli douze, alors que la première continue à en accueillir dix. Le rendement marginal de la seconde caisse est donc croissant, puisque supérieur à celui de la première. La productivité moyenne a elle aussi augmenté : de dix clients en moyenne avec une seule caisse, l'enseigne grimpe à onze clients en moyenne avec deux caisses.

Stimulé par ce bon résultat, le magasin engage quelques travaux et ouvre une troisième caisse. Les deux premières continuent à accueillir le même nombre de clients, mais la troisième n'en reçoit que onze en une heure. La productivité moyenne des trois caisses est inchangée par rapport au modèle à deux caisses : onze clients par heure. En revanche, la productivité marginale de la troisième caisse a diminué par rapport à celle de la caisse précédente. Ce facteur ne suffit plus à faire évoluer positivement le rendement des caisses. La moyenne, pourtant, ne l'indique pas.

Recette marginale et dépense marginale

Pour bien saisir l'application du rendement décroissant à l'activité de l'entreprise, deux notions doivent être introduites :

- la recette marginale (Rm) produite par le facteur en évolution, correspondant à la part de recette imputable seulement à la nouvelle unité de ce facteur injectée dans la production de l'entreprise ;
- la dépense marginale (Dm), soit le coût d'acquisition d'une nouvelle unité de facteur variable.

Tant que la recette marginale est supérieure à la dépense marginale, l'entreprise gagne de l'argent, bien que les gains soient de plus en plus faibles du fait de la décroissance du rendement global : Rm/Dm = rendement.

Au bon moment

La microéconomie propose, à partir du modèle établi par David Ricardo, des calculs déterminant jusqu'à quand le rendement d'un facteur de production s'accroît. Cela permet d'évaluer la quantité optimale de travail ou de capital à investir pour maximiser le rendement.

Cette étape est décisive pour les entreprises, car rien ne sert de surinvestir : utiliser la phase initiale de croissance des rendements permet d'investir au bon moment, juste avant que le facteur concerné n'entame l'inéluctable décroissance de son rendement.

ÉTUDE DE CAS – L'INDUSTRIE PÉTROLIÈRE

L'un des exemples les plus parlants de rendements décroissants provient de l'industrie pétrolière. Ce secteur fait l'objet d'études approfondies et d'une spécialisation de certains économistes, tant cette matière première qu'est le pétrole est importante pour l'ensemble du système économique mondial. Nous illustrerons ici la logique de la théorie de David Ricardo et d'Alfred Marshall à travers une question régulièrement d'actualité. Notons que le pétrole présente une caractéristique particulière : il s'agit d'une matière première non renouvelable. Le raisonnement est donc légèrement différent de celui que David

Ricardo tenait pour la terre, puisque celle-ci régénère (sous condi-tions) sa capacité à faire pousser des végétaux. Dans le cas du pétrole, comme dans le cas du charbon, les gisements finissent par s'épuiser.

Du premier puits aux limites du conventionnel

Le premier puits de pétrole atteint, au milieu du XIXe siècle, une pro-fondeur de 28 mètres. Actuellement, les projets en cours, autour des gisements océaniques ou de l'huile de schiste, portent sur plusieurs milliers de mètres de profondeur. Cette course à la profondeur consti-tue la réponse industrielle à la logique des rendements décroissants.

Jusqu'au milieu des années quatre-vingt-dix, on estimait impossible l'exploitation d'un certain nombre de gisements, notamment ceux localisés en eaux profondes. Mais les meilleurs gisements de pétrole dits « conventionnels », c'est-à-dire ceux situés à une profondeur raisonnable et d'une qualité suffisante pour ne nécessiter d'autre traitement que le raffinage, ont fini par être exploités. On se situait alors à la limite du rendement croissant, sans doute à une sorte de point d'équilibre avant la baisse. En effet, à ce moment-là, ajouter du capital (des machines de forage) pour augmenter la profondeur des recherches aurait entraîné une telle hausse de coût que le rendement marginal aurait immédiatement décru. Notons au passage que les gisements les plus abondants, exploités de longue date, ont formé une rente à mesure que de nouveaux gisements, moins productifs, étaient mis en exploitation. Nous verrons un peu plus bas comment se forme la rente d'après David Ricardo.

L'innovation technologique

Parmi les facteurs qui ont permis ces exploitations nouvelles, on retrouve bien sûr l'innovation technologique. Les progrès des tech-niques de forage ont permis aux compagnies pétrolières de limiter les coûts pour des recherches supplémentaires. De même, dans le cas des sables bitumineux présents surtout au Canada, les technologies de séparation du pétrole et des autres matières minérales ont énormément évolué, favorisant une exploitation jusqu'alors impossible. Comme nous l'avons vu dans l'explication théorique du modèle, le progrès dans le processus de production repousse le moment où le rendement marginal cessera de croître. Notons que le cycle d'innovation n'est d'ailleurs pas achevé. Les compagnies cherchent à présent de nouveaux procédés pour exploiter les gisements des grands fonds marins, notamment en mer du Nord.

Prix marginal, prix global et formation de la rente

Les cartes ont aussi été rebattues du fait d'un bouleversement du système des prix. En 1946, le baril coûtait 17,92 dollars (niveau du prix en dollars constants par rapport à l'année de référence 2010, sur le marché de New York, le NYMEX). En 1995, il s'élevait à 23,96 dollars, soit une hausse d'un peu plus de 30 % en 50 ans – rappelons-nous par ailleurs que deux chocs pétroliers, en 1974 et 1979, ont conduit à une flambée des prix, de relativement courte durée toutefois. En 1996, le prix du pétrole entamait une ascension progressive qui, pour l'heure, n'a pas encore connu de descente durable, malgré une certaine volatilité des cours. En 2011, le prix moyen du baril s'établissait à 95 dollars, niveau auquel il est plus ou moins resté depuis, en dehors de quelques pics épisodiques. En 2013, il avoisine les 103 dollars.

Une multiplication de la demande est bien sûr naturellement à l'origine de cette hausse des prix. La fin des années quatre-vingt-dix marque l'accélération de la mondialisation et l'essor des pays BRIC (Brésil, Russie, Inde et Chine) émergents devenus d'immenses puissances économiques. Mais il faut, pour illustrer le rendement décroissant et la rente qui l'accompagne, comprendre le mécanisme de formation des prix. La pression de la demande a facilité l'exploitation d'hydrocarbures jusqu'alors inaccessibles, ce qu'on appelle les « pétroles non conventionnels ». Aussi le coût unitaire pour le producteur du baril de pétrole nouvellement exploité est-il supérieur à celui issu de forages initiaux plus simples.

Supposons, pour simplifier le raisonnement, que la production pétrolière plus ancienne coûte à son exploitant 1 et soit vendue 2. Au vu des nouveaux enjeux technologiques, le pétrole non conventionnel coûte 1,5. Pour conserver une marge équivalente, la compagnie pétrolière proposera son produit à 3 et non plus à 2. Mais qui irait payer 3 un produit qu'il peut acquérir ailleurs pour 2 ? Sur un marché hyperconcurrentiel, avec une offre pléthorique, le producteur qui commercialise son produit à 3 ne parviendrait pas à s'installer. Mais le marché des hydrocarbures, loin d'être parfaitement concurrentiel, est influencé par quelques acteurs économiques très puissants tels que l'OPEP (Organisation des Pays Exportateurs de Pétrole), par exemple. Ni les pays ni les compagnies ne se livrent une guerre des prix. Par conséquent, si les nouveaux gisements coûtent plus cher à exploiter, c'est l'ensemble de la production qui verra son prix grimper. Les producteurs anciens, avec des coûts moindres, s'aligneront sur les prix de vente des nouveaux entrants. Ceci explique en partie la forte hausse des prix du pétrole observée au cours des 20 dernières années. Par ailleurs, il y a bien formation d'une rente, puisque les anciens producteurs tirent de la situation nouvelle un surplus de profit, lié à la différence de prix entre le pétrole conventionnel et les nouveaux hydrocarbures.

À travers cet exemple, on constate que la théorie de David Ricardo et d'Alfred Marshall sur le rendement décroissant et la formation de la rente demeure pertinente pour expliquer des phénomènes économiques contemporains.

EN RÉSUMÉ

- La loi des rendements décroissants est fondée sur une évidence : au commencement, on porte son effort là où il est le plus productif et donc le plus rentable, puis on exploite les autres ressources si la demande surpasse la ressource première.
- La logique est purement mécaniste : après une première phase de croissance, un facteur de production en évolution voit à relativement court terme son rendement stagner puis décroître si rien n'est modifié en termes de gestion.
- Cette loi économique, formulée par David Ricardo avec l'exemple de l'agriculture, a été approfondie et étendue à tous les secteurs économiques par Alfred Marshall.
- L'hypothèse de base ici décrite est le rendement marginal, correspondant au rendement d'une unité supplémentaire d'un facteur de production.
- Le rendement marginal décroissant conduit à la formation d'une rente pour les propriétaires des premières unités mises en production, plus rentables que les dernières.
- Le rendement décroissant ne condamne pas l'économie au déclin, mais invite les entrepreneurs à innover – dans les produits, les *process*, les modes d'organisations, etc. – pour maintenir leur productivité, voire accroître leur efficience et donc leur performance.

POUR ALLER PLUS LOIN

- CHAIZE (Thomas), « Coût de production, coût marginal et prix du pétrole », in *Thomas Chaize. Energy & Mining*, consulté le 12 mars 2014.
  http://www.dani2989.com/matiere1/marginalcostoil0212fr.html
- JESSUA (Claude), *Histoire de la théorie économique*, Paris, PUF, coll. « Économie », 1991.
- « Le pétrole », in *Agence régionale de l'environnement de Haute-Normandie*, consulté le 12 mars 2014.
  http://www.arehn.asso.fr/dossiers/petrole/petrole.html
- MANSFIELD (Edwin), *Économie managériale. Théorie et applications*, Paris, De Boeck, coll. « Ouvertures économiques », 2002.

50MINUTES
Art & Littérature
Business & Econo
Histoire & Sociéte
50MINUTES
Gestion & Marketing | numéro 9
LA PYRAMIDE DES BESOINS
DE MASLOW
Pourquoi faut-il comprendre
les besoins du client ?
50MINUTES
Grandes Batailles | numéro 26
LA GUERRE
DU KIPPOUR
50MINUTES
LE CARAVAGE
ET LES JEUX DE LUMIÈRE
SOYEZ LÀ
OÙ ON NE VOUS ATTEND PAS !
www.50minutes.com

www.50minutes.com

Éditeur responsable : Lemaitre Publishing
Rue Lemaitre 6 | BE-5000 Namur
info@lemaitre-editions.com

ISBN ebook : 978-2-8062-5710-9
ISBN papier : 978-2-8062-5711-6
Dépôt légal : D/2014/12603/117
Photo de couverture : © Dusan Kostic

Conception numérique : Primento